CW00505424

BEI GRIN MACHT SICH IH
WISSEN BEZAHLT

- Wir veröffentlichen Ihre Hausarbeit,
  Bachelor- und Masterarbeit

- Ihr eigenes eBook und Buch -
  weltweit in allen wichtigen Shops

- Verdienen Sie an jedem Verkauf

Jetzt bei www.GRIN.com hochladen
und kostenlos publizieren

Bibliografische Information der Deutschen Nationalbibliothek:

Die Deutsche Bibliothek verzeichnet diese Publikation in der Deutschen National-
bibliografie; detaillierte bibliografische Daten sind im Internet über http://dnb.d-
nb.de/ abrufbar.

Impressum:

Copyright © 2015 GRIN Verlag, Open Publishing GmbH
Druck und Bindung: Books on Demand GmbH, Norderstedt Germany
ISBN: 9783656970453

Dieses Buch bei GRIN:

http://www.grin.com/de/e-book/299823/paedagogische-interventionen-in-der-
offenen-jugendarbeit-alltagskommunikative

Joy Baruna

Pädagogische Interventionen in der offenen Jugendarbeit. Alltagskommunikative Praktiken

GRIN Verlag

GRIN - Your knowledge has value

Der GRIN Verlag publiziert seit 1998 wissenschaftliche Arbeiten von Studenten, Hochschullehrern und anderen Akademikern als eBook und gedrucktes Buch. Die Verlagswebsite www.grin.com ist die ideale Plattform zur Veröffentlichung von Hausarbeiten, Abschlussarbeiten, wissenschaftlichen Aufsätzen, Dissertationen und Fachbüchern.

Besuchen Sie uns im Internet:

http://www.grin.com/

http://www.facebook.com/grincom

http://www.twitter.com/grin_com

Seminar: Grundlagen der Wahrnehmung,

Kommunikation und Gesprächsführung

Wintersemester 2014 / 2015

Pädagogische Interventionen in der offenen

Jugendarbeit

im Kontext alltagskommunikativer Praktiken

Bildungs- und Erziehungswissenschaft

3. Fachsemester

Abgabedatum: 01.03.2015

Inhaltsverzeichnis

1) Einleitung

„Was `n das für n Spruch, Mensch, bist du Scheiße" (Müller et al., 2008, S. 69). Ein Satz wie dieser würde von einem unwissenden Zuhörer[1] wohl eher einem Jugendlichen zugeordnet werden, als einem Pädagogen. Doch handelt es sich hier um eine pädagogische Intervention im Rahmen der Offenen Jugendarbeit. Insbesondere für Berufsanfänger stellt sich die Frage, wie Interventionen in einem von Alltagskommunikation geprägten Setting umgesetzt werden und wie die Pädagogen mit den Jugendlichen interagieren. Herrscht hier absolute Beliebigkeit, oder lassen sich Muster und Regeln erkennen? Die folgenden Ausführungen beziehen sich auf den offenen Bereich in Jugendhäusern o.ä. Einrichtungen, in dem Jugendliche Freunde treffen, Spiel- und Sportangebote sowie Beratungsangebote wahrnehmen können. Strukturierte Kurse, Arbeitsgemeinschaften, etc. stehen hier nicht im Fokus. Zunächst wird das Handlungsfeld der Offenen Jugendarbeit vorgestellt und ein kurzer Überblick gegeben bezüglich der rechtlichen Grundlagen, Aufgaben und Adressaten. Desweiteren werden die Herausforderungen, denen sich Pädagogen in diesem Feld stellen müssen, identifiziert. Anschließend folgt eine Auseinandersetzung mit den Besuchern dieser Einrichtungen und ihren alltäglichen Kommunikationsformen sowie schließlich eine Analyse der Mittel und Regeln, die pädagogischen Interventionen in diesem Feld zugrundeliegen, aber auch der Fehlerpotentiale, die sich aus den Besonderheiten dieses Bereiches ergeben.

2) Die Offene Jugendarbeit als pädagogisches Handlungsfeld

a) Rechtliche Grundlagen, Adressaten und Aufgaben im Überblick

Die Jugendarbeit als sozialpädagogisches Handlungsfeld soll jungen Menschen, laut der Vorgabe des Sozialgesetzbuchs (§ 11 Abs. 1 SGB VIII), „die zur Förderung ihrer Entwicklung erforderlichen Angebote zur Verfügung stellen" und „an den Interessen junger Menschen anknüpfen". Betont werden diesbezüglich Partizipationsmöglichkeiten und Mitgestaltungsrechte der Adressaten, welche sie zur „Selbstbestimmung befähigen und zu gesellschaftlicher Mitverantwortung und zu sozialem Engagement anregen" sollen.

---

[1] In diesen Ausführungen wird zur Vereinfachung ausschließlich die männliche Form verwendet. Es wird sich jedoch grundsätzlich auf Menschen jeden Geschlechts und Gender-Zugehörigkeit bezogen.

Jugendarbeit werde sowohl von freien als auch öffentlichen Trägern gestaltet und umfasse neben der pädagogischen Arbeit in Jugendfreizeiteinrichtungen sowie Kinder- und Jugendhäusern eine weite Spannbreite an Tätigkeitsbereichen und Angeboten (Cloos et al., 2009, S. 11).

Etwa seit den 1980er-Jahren nutzen in Deutschland laut Schmidt (2013) ca. 5-10% der 12 bis 17-jährigen regelmäßig, 20-30% gelegentlich Einrichtungen der Offenen Kinder- und Jugendarbeit (S. 14). Einige Studien zeigen eindeutig, dass die Besucher „unverbindliche, offene Angebote" bevorzugen (Schmidt, 2013, S. 15). Beratungs- und Unterstützungsleistungen würden von Jugendlichen insbesondere zu Beginn der Einrichtungsbesuche „nur partiell" genutzt (Cloos & Köngeter, 2009, S. 87), denn im Mittelpunkt stehe für die Besucher das Jungendhaus in seiner Funktion als Freizeiteinrichtung (vgl. u.a. Schulz, 2013b; Cloos 2009).

Nach Schröder (2013) beziehe sich die *Offenheit* der Jugendarbeit auf die Prinzipien: „freiwillig, adressatenoffen, ergebnisoffen" (S. 428). Demzufolge könne sich jeder Jugendliche in diesem „Experimentierfeld" je nach persönlicher Interessenlage und Fähigkeiten ausprobieren. Gleichzeitig biete „ein verlässliches Angebot an Räumlichkeiten, an Strukturen und Personen" Halt (ebd.). Müller et al. (2008) gehen einen Schritt weiter und bezeichnen Jugendarbeit als offen, wenn sie das „*Reagieren müssen* auf das, was die Jugendlichen tun (oder nicht tun), nicht mehr als Störung ihrer Pläne [...] begreift, sondern als ihren eigentlichen Arbeitsauftrag" (S. 58). Jugendarbeit sei als „*Gelände mit Bildungschancen*" zu verstehen, wobei (strukturierte) Angebote als Antwort auf die Bedürfnisse der Besucher entstehen sollten (ebd., S. 59). Diese „subjektorientierte Bildung" diene laut Rauschenbach et al. (2004) der Herstellung von „Handlungsfähigkeit" und beinhalte „die Kompetenz zu einer autonomen Lebensführung, zur Gestaltung von sozialen Beziehungen, zur gegenseitigen Achtung und Auseinandersetzung über Werte, Normen und Orientierungen. Bildung in diesem Sinne schließe deshalb Lebensbewältigung mit ein" (S. 210).

b) Herausforderungen und Besonderheiten im Hinblick auf pädagogische Interventionen und Interaktionen zwischen Fachkräften und Besuchern

Das Treiben in Jugendhäusern und ähnlichen Einrichtungen könne auf Außenstehende äußerst chaotisch wirken (vgl. u.a. Cloos, 2009). Müller, Cloos und Köngeter (2008) verweisen auf die scheinbar „diffusen Beziehungsmuster" zwischen Pädagogen und Besuchern in diesem „befremdlichen Feld" (S. 38). Anders als beispielsweise im schulischen Kontext seien die Interaktionen nicht eingebettet in einen strukturierten, institutionalisierten Rahmen (Schmidt, 2013, S. 17), der Orientierung und Sicherheit vermittelt.

Unter anderem bedingt durch die Tatsache, dass die Ziele von Jugendarbeit nicht präzise feststünden (vgl. u.a. Cloos & Köngeter, 2009, S. 88) und in den Einrichtungen mit „Diskontinuität" umgegangen werden müsse, da die regelmäßige Anwesenheit der Besucher im Gegensatz zu anderen Institutionen nicht als Voraussetzung gelte (ebd., S. 86), entstehe laut Cloos et al. (2009) der Eindruck, das Handeln der Pädagogen könne nicht als professionell angesehen werden (S. 14). Vordergründig würden die Interaktionen zwischen Mitarbeitern und Besuchern alltäglichen Kommunikationsmustern ähneln, welche innerhalb der Peergroup zu finden seien (vgl. u.a. ebd.). Daran anknüpfend stellt sich die Frage, ob pädagogische Interventionen in der Offenen Jugendarbeit im herkömmlichen Sinn definiert werden können.

„Intervention" beschreibe laut Leutner (2013) „eine Maßnahme, mit der in einen laufenden Prozess eingegriffen wird", wobei hierbei ein diagnostischer Prozess vorausgesetzt werden müsse (S. 17). Es liegt die Vermutung nahe, dass Diagnostik, welche laut Klauer (1978) definiert wird, als „das Insgesamt von Erkenntnisbemühungen im Dienste aktueller pädagogischer Entscheidungen" (S. 5 zit. nach Leutner, 2013, S. 17), im offenen Bereich eines Jugendhauses schwer durchzuführen ist, aufgrund eines schnellen Wechsels von „dezentrierter und zentrierter Interaktion" (Cloos et al., 2009, S. 275). Zuweilen wirke es demnach, als würde nichts geschehen, bis plötzlich die sozialpädagogische Arena (vgl. 3a) zur Bühne wird, auf welcher sich die Jugendlichen präsentieren (vgl. u.a. Cloos et al, 2009; Cloos, 2013). Das zuvor erwähnte „*Reagieren müssen*" (Müller et. al, 2008) der Fachkräfte innerhalb dieses Rahmens verlangt eine Flexibilität und Spontanität, die selbst auf der „Mikro-Ebene des Individuums" (Leutner, 2013, S. 18) kaum vereinbar scheint mit dem Prinzip der Intervention als „gezielte Veränderung" (ebd., S. 18), welche einen, diagnostischen, planenden Prozess und damit Zeit voraussetzt. Cloos et al. (2009) stellen diesbezüglich fest:

> „Kinder- und Jugendarbeit erweist sich zum einen meist als orale Arbeitsfeldkultur, die ihre Beobachtungen weder aktenförmig festhält noch in Beobachtungs- und Diagnosebögen einträgt, und zum anderen als diagnoseabstinente Arbeitsfeldkultur, auch weil die weitere Fallbearbeitung in finanzieller oder organisatorischer Weise kaum von einer Diagnose abhängt – wie dies z. B. im Rahmen des Hilfeplanverfahrens für die weitere Feststellung der Hilfe [Anmerkung der Verfasserin: Hilfen zur Erziehung] notwendig ist" (S. 254).

Erschwerend kommt hinzu, dass Mitarbeiter der Einrichtungen vor unterschiedlichsten Herausforderungen stehen und die eigentliche pädagogische Arbeit nur einen Teil ausmacht. Der Alltag der Offenen Kinder- und Jugendarbeit gleiche Müller (2013) zufolge einem „Urwald", einem „Dschungel von Aufgaben und Zuständigkeiten. Sie ist eben so sehr Verwaltungs- und Hausmeisterarbeit wie Wechselbad zwischen Kindergartenarbeit und Löwenbändigung" (S. 24).

In dem „Dschungel" müssen Pädagogen darüber hinaus ihre Rolle in der Beziehung zu den Jugendlichen finden, beziehungsweise immer wieder neu definieren und aushandeln. Wie Müller et al. (2008) beschreiben, stelle diese Beziehungsform eine „Mischung" aus Arbeitsbündnis zwischen Erzieher und Zögling oder Lehrer und Schüler dar – einer therapeutischen, beratenden, privaten und Arbeitsbeziehung (S. 61). Es gehe darum, den „Ton zu treffen", zu „balancieren" und dieses Spannungsverhältnis mit der einhergehenden Unsicherheit „auszuhalten" (ebd., S. 61).

3) Jugendliche Akteure in der sozialpädagogischen Arena der Offenen Jugendarbeit

a) Formen der Alltagskommunikation

Das scheinbare „Nichts-Tun" bestimme laut Cloos et al. (2009) den Alltag in Jugendhäusern. Die Jugendlichen „hängen ab" und „chillen" (u.a. Cloos et al., 2009). Schmidt (2004) betont, dass dieses „Nichtstun als ein Geflecht bedeutsamer, regelhafter Aktivitäten [von Peer-Gruppen] zu begreifen" sei (S. 100). Peer-Groups bezeichnen „informelle, freizeitorientierte, natürlich gewachsene Kleingruppen" (ebd., S. 100) bestehend aus Personen im gleichen Alter mit gleichem Status (ebd., S. 69). Die Peer-Group könne Corsa (2009) zufolge bezüglich der Verselbstständigungsprozesse Jugendlicher als bedeutend angesehen werden. Ihm zufolge

5

diene die Gleichaltrigengruppe als „Experimentierfeld" (S. 101). Praktiken wie „Kompetenz-und Statusdemonstrationen, Formen der Konfliktaustragung und –regelung [...] die Verhandlungen von [...] Mitgliedschaft oder Formen der Selbst- und Fremdkategorisierung" (Neumann-Braun & Deppermann, 1998, S. 246) würden identitätsstabilisierend wirken und der Herstellung von Zugehörigkeit dienen (vgl. auch Cloos et al.).

Cloos et al. (2009) untersuchten vier Kommunikationsmuster, die innerhalb von Peer-Groups in der Offenen Jugendarbeit stattfänden und ordneten sie Modalitätsmöglichkeiten zu. „Erzählen und Sich-Austauschen" wird als kollaborativ beschrieben und könne bezüglich der Modalität entweder scherzhaft oder ernsthaft erfolgen. „Spielen" sowie „Herausfordern und Kontern" gelte als kompetitiv, wobei Ersteres spielerisch oder scherzhaft zu verstehen sei und Letzteres scherzhaft oder ernsthaft. Performances, auf welche hier etwas näher eingegangen werden soll, würden als kollaborativ gelten und seien als spielerisch oder scherzhaft einzuordnen (für diesen Absatz: S.148).

Diese Performances oder „spielerischen Inszenierungen" (ebd., S. 158) fänden spontan in der sozialpädagogischen Arena statt – einem Raum, welcher einerseits architektonisch feststünde und in dem Jugendliche wie auch die Mitarbeiter agieren, der jedoch andererseits erst durch Performances performativ hergestellt würde und Bühne sowie Zuschauerraum vereine (Cloos 2009; Cloos 2013, S. 62). Die Jugendlichen übernähmen nicht im theatralischen Sinn Rollen, sondern agierten als authentische Personen und würden durch verbale und körperliche Mittel etwas herausstellen (vgl. Schulz, 2013b, S. 55). Es könne sich bei Performances um Tanz-oder Gesangseinlagen, Rituale, Rap-Battles, spielerische Kämpfe o.ä. handeln (vgl. u.a. Schulz, 2013b; Müller et al., 2008). Zum einen fände durch derlei Selbstinszenierungen eine Auseinandersetzung mit dem eigenen Körper statt, zum anderen handele es sich um eine auf Außenwirkung abzielende Präsentation und damit eine Form von Integration (vgl. Müller et al., 2008, S. 197f.).

Wettkämpfe und Spiele innerhalb der Arena stünden symbolisch für „reale Kämpfe um Anerkennung" (Cloos, 2013, S. 62). Cloos et al (2009) greifen hier zurück auf den von Goffman (1993) eingeführten Begriff *Modulation*, welcher in der Peer-Group-Kommunikation von großer Bedeutung ist (vgl. Schmidt, 2004, 102f) und zugleich als pädagogisches Mittel verwendet werden kann (vgl. 4a; Cloos et al. 2009). Ein Modul („key") beschreibe Goffman zufolge „ein System von Konventionen, wodurch eine bestimmte Tätigkeit, die bereits im Rahmen eines primären Rahmens sinnvoll ist, von den Beteiligten

6

aber als etwas ganz anderes gesehen wird" (S. 55). Übertragen auf die Offene Jugendarbeit würden Konflikte beispielsweise nicht offen thematisiert, sondern in modulierter Form der „Scherzkommunikation" (Schmidt, 2004, S. 104) unterschwellig vermittelt. Modulationen beziehungsweise Kommunikation „innerhalb einer spielerisch-unernsten Modalität" sowie Performances würden Jugendlichen dazu dienen gefahrlos Grenzen auszutesten und sich selbst kennenzulernen (Schmidt, 2004, S. 103).

b) Die Pädagogen aus der Sicht der Jugendlichen

Um zu verstehen, was professionelle, pädagogische Arbeit in der Offenen Jugendarbeit bedeutet, wie Pädagogen intervenieren und mit Jugendlichen interagieren, erscheint es unerlässlich den Blickwinkel der jugendlichen Akteure zu beleuchten. Wie beurteilen die Jugendlichen die Pädagogen und ihre Beziehung zu ihnen und wie nutzen sie diese Beziehung? In Müller et al. (2008) beschreibt ein 14jähriger Jugendlicher die Beziehung zu den „anderen Erwachsenen" wie folgt: „[...] *bei anderen Erwachsenen ist es so, ja, wieso, hier ist Schluss; und hier kann man noch einen Schritt weiter gehen, und da ist es eben so, man geht nicht zu weit, aber trotzdem noch einen Schritt weiter, kann man sagen*" (S. 66). Laut Müller et al. (2008) können die Jugendlichen in diesem Kontext proben selbst Grenzen zu setzen. Diese Erwachsenen, welche als *„viel offener"*, *„irgendwie anders"*, *„cool"* und gleichzeitig *„voll streng"* dargestellt werden (ebd., S. 65ff.), würden demnach eine Reibungs- und Übungsfläche bieten, aber auch exemplarisch Bewältigungsstrategien und Lebensentwürfe aufzeigen (vgl. ebd., S. 67). Die Charakterisierung durch die Besucher sowie die Bereitschaft der Pädagogen, Jugendliche diesen „einen Schritt weiter" zu gewähren, verdeutlicht, dass Interaktionen und Interventionen in der Offenen Jugendarbeit andere Regeln zugrundeliegen, als es in klassischen Schul-, Beratungs-, Therapiesettings, etc. der Fall ist.

4) Pädagogische Interventionen im Rahmen der Offenen Jugendarbeit

a) Grundregeln und die pädagogische Bedeutung von Modulationen

Cloos et al. (2009) rekonstruieren drei Regeln bezüglich pädagogischen Handelns im Rahmen der Offenen Kinder- und Jugendarbeit, die im Folgenden in Bezug auf Interaktionen zwischen Jugendlichen und Pädagogen sowie Interventionen erklärt und diskutiert werden.

Die *Sparsamkeitsregel* schreibt vor, bei der Umwandlung von alltäglichen Kommunikationsformen in gezielte pädagogische Interventionen oder Beratungsangebote behutsam und unauffällig vorzugehen (S. 164). Dies beziehe sich u.a. auf den sprachlichen Stil. Wortwahl und Ton würden umgangssprachlichen, alltäglichen Kommunikationspraktiken der Besucher ähneln. So fragt eine Mitarbeiterin in der von Cloos (2013) untersuchten Einrichtungen eine Jugendliche, welche ein Problem zu haben scheint, ob sie *„quatschen"* wolle (S. 65). „Dabei bleibt offen, was für ein Angebot „Quatschen" überhaupt beinhaltet: Erfolgt hier ein Angebot für Beratung, für ein freundschaftliches Gespräch oder etwas ganz anderes?" (ebd., S. 65). Das Wort *„quatschen"* kann also individuell ausgelegt werden und bleibt von seiner Bedeutung her zunächst diffus. Auch findet keine förmliche Terminvereinbarung statt, welche einerseits die Asymmetrie der Beziehung, andererseits das pädagogische Moment in den Vordergrund rücken würde (vgl. ebd.). Der natürliche Interaktionsfluss wird nicht künstlich unterbrochen, um ein pädagogisches Angebot zu offerieren. Durch die leichte Modulation des Rahmens, welche ein verstecktes Beratungsangebot impliziert, das durch die Jugendliche angenommen oder abgelehnt werden kann, bleibt die offene, ungezwungene Atmosphäre und eine Beziehung auf Augenhöhe erhalten, was unter Umständen auch dazu beitragen könnte, dass die Besucherin aus dem genannten Beispiel ihre Sorgen eher mitteilt, als dies in einer klassischen Beziehung zwischen Pädagoge und Klient der Fall wäre. Denn die Jugendlichen möchten, wie bereits angedeutet (vgl. 2a) in der Einrichtung primär ihre Freizeit verbringen (vgl. Cloos & Köngeter, 2009) und würden, wie zu vermuten ist, eine offene Pädagogisierung oder aufoktroyierte Hilfs- oder Beratungsangebote eher ablehnen. Sparsame Modulationen dienen dementsprechend dazu, „den alltäglichen Freizeitcharakter der sozialen Veranstaltung Jugendarbeit aufrechtzuerhalten und die bildungsorientierten Grundintentionen damit in Einklang zu bringen – ohne daraus eine pädagogische Veranstaltung zu machen" (Cloos, 2013, S. 65). Neben der scherzhaften Modulation des Rahmens, von Cloos et al. (2009) in Anlehnung an Goffman (1993) als „up-keying" bezeichnet, könne auch herunter moduliert werden: „down-keying" (S. 159), sofern die Ernsthaftigkeit der Situation betont werden soll. Interventionen erfolgen, wie im von Cloos et al. (2009) genannten Beispiel, allerdings grundsätzlich „minimal-invasiv" (S. 157). Durch diese Sparsamkeit besteht für die Jugendlichen die Möglichkeit jenen „Schritt weiter" zu gehen, den der zuvor zitierte Jugendliche beschreibt (vgl. 2b; Müller et al., 2008). Die Jugendlichen handeln ihre Konflikte untereinander aus und die Mitarbeiter greifen im Sinne der Sparsamkeitsregel nur ein, um ggf. andere Besucher / Mitarbeiter vor allzu aggressiven Übergriffen zu schützen oder Grenzen aufzuzeigen. Hier ist auf die von Müller et al. (2008) genannten Selbstbildungsprozesse zu verweisen. In ihren Interaktionen untereinander, durch ihre Performances, Ideen, Spiele etc. würden sich die Jugendlichen demnach selbst bilden. Die Pädagogen sollten diesen Prozess unterstützen, indem sie Gelegenheiten wahrnehmen und entsprechend reagieren. In der jeweiligen potentiell bildenden Situation spielt bezüglich des nötigen Grades an Sparsamkeit sicherlich auch eine Balance zwischen Unter- und Überforderung des Jugendlichen eine Rolle und wie viel Asymmetrie die spezifische Beziehung zwischen dem Jugendlichen und dem Pädagogen jeweils verträgt. Dies dürfte auch individuell unterschiedlich sein und von mehreren Faktoren abhängen. Wie selbstbewusst ist beispielsweise der jeweilige Jugendliche beziehungsweise wie verarbeitet er Bewertungen durch Peers? Ein offenes Beratungsangebot könnte Jugendliche, welche das Gefühl haben sich innerhalb ihrer Peer-Group beweisen zu müssen, in eine schwierige Lage bringen, da ein Annehmen des Angebotes von den Gleichaltrigen ggf. als Schwäche ausgelegt werden könnte. Hier wäre ein vorsichtiges, moduliertes Vorgehen eines Pädagogen im Sinne der Sparsamkeitsregel sicherlich angebracht. Bei Unabhängigen und in sich gefestigten Jugendlichen mit einem akuten Problem würde sich ein klar artikuliertes Beratungsangebot im öffentlichen Raum der sozialpädagogischen Arena eher anbieten. Bezüglich Interventionen bei Grenzüberschreitungen verhält es sich ähnlich. Auch hier gilt sicher kein Patentrezept, sondern pädagogische Antworten sind grundsätzlich abhängig von den gegebenen Umständen und der Erfahrung des Pädagogen. Neben Personenvariablen und den Peer-Beziehungen sollten natürlich situationsspezifische Bedingungen und nicht zuletzt die Qualität beziehungsweise Dauer und Belastbarkeit der bereits etablierten Beziehung zwischen dem Jugendlichen und dem Pädagogen einbezogen werden, um über den Grad an Sparsamkeit von pädagogischen Interventionen und Beratungsangeboten entscheiden zu können. Cloos et al. (2009) betonen diesbezüglich, die Entscheidung über zu treffende Modulationen oder Transformationen sei „personen-, themen- und situationsabhängig" (S. 162).

Die *Mitmachregel* besteht nach Cloos (2009) aus drei Komponenten: „Erstens: Mach bei den Aktivitäten der Kinder und Jugendlichen mit. Zweitens: Verhalte dich dabei so, als wärest du Teilnehmer unter anderen. Drittens: Stelle glaubhaft dar, dass du als ein Anderer [Erwachsener] teilnimmst!" (S. 166). Auch zeigt sich, dass die Asymmetrie in der Beziehung zwischen Fachkräften und Pädagogen möglichst verwischt wird. In der Arena der Offenen Jugendarbeit seien die Fachkräfte ebenso Mitwirkende wie die Jugendlichen und könnten sich nicht „auf die bekannten Handlungsformen wie z. B. Anbieten, Beraten, Begleiten usw. zurückziehen" (ebd., S. 166). Wie auch bei der Sparsamkeitsregel ist hier die Alltagsnähe der

Sprache zu erwähnen und das Mitmachen bei oder Kommentieren von Spielen, Wettkämpfen und Performances als Akteur oder Zuschauer (vgl. ebd.), welches Nähe erzeuge, aber auch abgrenzend wirken könne. Das Mitmachen im Sinne einer Vorbildfunktion wecke überdies bei den Jugendlichen Spaß an Aktivitäten und wirke animierend (ebd.). In diesem Handlungsfeld sind demnach Kreativität und Spontanität gefragt und der Einsatz sowohl von Sprache als auch Körper.

Die *Sichtbarkeitsregel* schließlich besagt: „Mache dich und deine Einstellungen gegenüber den Jugendlichen erkennbar (sichtbar), aber lasse gleichzeitig zu, dass die Jugendlichen ihre Einstellungen (auch die aggressiven, negativen) sichtbar werden lassen, ohne dass dadurch die wechselseitigen Anerkennungsverhältnisse in Frage gestellt werden" (ebd., S. 169). Pädagogen werden von Jugendlichen in alltäglichen Konversationen (in)direkt aufgefordert Stellung zu beziehen, sich einzubringen. Unter Berücksichtigung der zuvor genannten Regeln muss seitens der Mitarbeiter eine Positionierung erfolgen, wobei „weder das Übersehen der Herausforderung noch das sanktionierende Darauf-Eingehen – und schon gar nicht die Option „exit" im Sinne eines Hausverbots – die Lösung des Problems darstellt" (Cloos, 2009, S. 169f.). Eine gelingende Balance des Beziehungsverhältnisses setzt das *Mitmachen* im Sinne der zweiten Regel und eine Annäherung an die scherzhaft (modulierten) Kommunikationsmuster der Jugendlichen voraus.

Um das Zusammenspiel der drei Regeln zu verdeutlichen, soll hier auf eine von Müller et al. (2008) erwähnte Interaktion zwischen einem Pädagogen und einem Jugendlichen eingegangen werden, auf welche bereits in der Einleitung verwiesen wurde:

„Ein Junge kommt hinzu […]. Sie bringt im Gespräch ihren Freund mit ins Spiel und er sagt: *„Welchen Freund? Meinste wohl deine fünf Finger."* T. (Pädagoge) lacht zuerst laut auf, sagt: *„Was `n das für n Spruch, Mensch, bist du Scheiße."* Der Junge ist etwas irritiert. Dann kabbeln sich beide, T. sagt, dass er solche doofen Machosprüche hier nicht hören will, weil er das respektlos findet, während der Jugendliche sich teils flapsig, teils ernst versucht, aus der Situation herauszuwinden" (S. 69).

Müller et al. (2008) heben bei dieser „Art der Rollenausübung", hervor, dass „*alles* dazu gehört" (S. 69). Doch nicht nur die Verbindung zwischen derbem Spruch, Lachen und „Kabbeln" erscheint bei dieser Intervention von Bedeutung. Ebenso lassen sich an diesem Beispiel alle drei Grundregeln ablesen: Die Intervention des Pädagogen erfolgt *sparsam.* Der

Rahmen wird leicht moduliert, wobei weiterhin im Modus der Alltagskommunikation verblieben und der grobe, scherzhafte Ton Jugendlicher imitiert wird. Die *Mitmachregel* spiegelt sich im Lachen von T. Er übernimmt hier, so kann vermutet werden, die Rolle eines Gleichaltrigen, der auf den Spruch des Jugendlichen reagiert. Gleichzeitig wird durch seine Aussagen die Haltung des Pädagogen *sichtbar*, nämlich dass er „doofe Machosprüche" nicht toleriert. Das freundschaftliche Kabbeln schließlich entschärft die durch die Ansage aufkommende Asymmetrie der Beziehung. Die Wertschätzung des Jugendlichen durch den Pädagogen wird deutlich und eine lockere Atmosphäre wird wieder hergestellt. Auch ohne eine Sanktionsmaßnahme hat diese Intervention Müller et al. (2008) zufolge „gesessen" (S. 70).

b) Fehlerpotentiale

Fehlerquellen für professionelles, pädagogisches Handeln allgemein in der Offenen Jugendarbeit ergeben sich aus den erläuterten Eigenarten des Handlungsfeldes. Laut Cloos et al. (2009) bestehe die Gefahr für Pädagogen darin, entweder in die Rolle des „Schiedsrichters und Regulierers" oder des „Berufsjugendlichen" (S. 167) zu verfallen. Es ist anzunehmen, dass die Persönlichkeit des Pädagogen, dessen Eigenarten und ritualisierte Handlungsmuster das Mischungsverhältnis zu einem Großteil mitbestimmen.

Eine große Gefahr besteht – so ist zu vermuten – darin, dass Pädagogen in ihrem Versuch die Asymmetrie der Beziehung auch bei Interventionen zu verwischen, insbesondere durch das Kopieren der jugendlichen Kommunikationsformen, scheitern und nicht als authentisch von den Jugendlichen wahrgenommen werden. Ambivalentes Verhalten könnte auf Seiten der Jugendlichen das Gefühl auslösen nicht respektiert zu werden und eine Rolle vorgespielt zu bekommen oder es könnte dazu führen, dass die pädagogische Botschaft nicht ernst genommen wird. Müller et al. (2008) betonen diesbezüglich, dass Glaubwürdigkeit und der aktive Umgang mit den unterschiedlichen Ebenen der unbestimmten Rolle des Pädagogen unerlässlich sei (S. 69). Die Aufgabe besteht folglich darin, nicht eine Rolle zu spielen, sondern die Rolle zu sein und in dieser Rolle zu interagieren und intervenieren.

Nachdem auf die bedeutende Rolle von Modulationen hingewiesen wurde, soll hier auch auf die Kehrseite aufmerksam gemacht werden. Einerseits werden brenzlige Situationen durch den Vorgang des Modulierens entschärft, andererseits können Modulationen zu Verwirrungen und Unsicherheit führen. Denn in Anlehnung an die „spielerisch-unernste Modalität (Schmidt,

2004, S. 103) der jugendlichen Alltagskommunikation, sind Modulationen in der Offenen Jugendarbeit oft durch Humor und Ironie geprägt. Die „unauthentische und unernste Mehrdeutigkeit", welche Schulz (2013a) als zentrales Merkmal von Humor und Ironie betrachtet, kann Ambivalenzen erzeugen und auf den Gesprächspartner irritierend wirken (S. 471). Zwar geht Goffman (1993) davon aus, im Falle einer Modulation alle Beteiligten von der Transformation wissen (S. 57), es ist jedoch fraglich, ob dies im Kontext der Offenen Jugendarbeit immer vorausgesetzt werden kann. Für eine etablierte Peer-Group mag das gelten, neu hinzukommende Besucher, Praktikanten oder unerfahrene Mitarbeiter· stehen jedoch vor der Schwierigkeit die Interaktionen dechiffrieren zu müssen (vgl. auch Cloos, 2009).

5) Fazit

Es konnte festgestellt werden, dass Interaktionen zwischen Besuchern und Mitarbeitern sowie Interventionen in der Offenen Jugendarbeit grundsätzlich einen Balanceakt darstellen. Einerseits sollten Pädagogen *sparsam* intervenieren, gleichzeitig Position beziehen (*Sichtbarkeitsregel*) und sich als Teil der sozialpädagogischen Arena begreifen, in welcher die Pädagogen an den Tätigkeiten und Performances der Jugendlichen teilnehmen (*Mitmachregel*). Da ein freizeitähnlicher Rahmen stets erhalten bleiben und die Asymmetrie in der Beziehung zwischen Jugendlichen und Pädagogen nicht in den Vordergrund treten soll, werden im Sinne der Sparsamkeitsregel im Falle von Interventionen nur geringfügige Modulationen des Rahmens vorgenommen. Interventionen erscheinen damit oft beinahe unsichtbar und Interaktionen beliebig ohne dass Unterschiede zur Alltagskommunikation der Jugendlichen erkennbar sind. Die alltagsnahe Sprache und ein humorvoller Umgang mit den Besuchern in Anlehnung an deren scherzhafte Kommunikationsformen, dienen jedoch bei authentischer Umsetzung einer Beziehung auf Augenhöhe und können (Selbst-) Bildungsprozesse der Jugendlichen fördern. Um als Pädagoge in der Offenen Jugendarbeit agieren und intervenieren zu können, sind Flexibilität, Spontanität und Kreativität notwendig, da das Geschehen in der Arena blitzschnell wechseln kann und zeitintensive diagnostische Prozesse vor Interventionen in diesem Handlungsfeld nicht stattfinden können. Insbesondere ist Fingerspitzengefühl und Erfahrung mit jugendlichen Kommunikationsmustern von Nöten, um Modulationen zielgerichtet und unmissverständlich einsetzen zu können.

Die Wirksamkeit von Intervention, die mit Hilfe geringfügiger Modulationen umgesetzt werden, konnte im Rahmen der vorliegenden Ausführungen nicht detailliert untersucht werden. Auch wäre eine eingehendere Beschäftigung mit dem Mischungsverhältnis der Arbeitsbeziehung zwischen Pädagogen und Jugendlichen hilfreich, um pädagogisches Handeln in der Offenen Jugendarbeit besser nachvollziehen zu können.

6) Literaturverzeichnis

Bundesministerium der Justiz und für den Verbraucherschutz (2015). Sozialgesetzbuch (SGB) - Achtes Buch (VIII) - Kinder- und Jugendhilfe. [elektronische Version] Verfügbar unter: http://www.gesetze-im-internet.de/sgb_8/BJNR111630990.html Zugriff am: 20.02.2015

Cloos, P. (2013). Was tun die PädagogInnen? Muster pädagogischen Handelns im Alltag. In U. Deinet & B. Sturzenhecker (Hrsg.), *Handbuch Offene Kinder- und Jugendarbeit. 3., völlig überarbeitete und erweiterte Auflage* (S.61-70). Wiesbaden: Springer VS.

Cloos, P. & Köngeter, S. (2009). „uns war ma langweilig, da ham wir das JUZ entdeckt" – Empirische Befunde zum Zugang von Jugendlichen zur Jugendarbeit. In W. Lindner (Hrsg.), *Kinder- und Jugendarbeit wirkt. Aktuelle und ausgewählte Evaluationsergebnisse der Kinder- und Jugendarbeit. 2. Auflage* (S. 81-94). Wiesbaden: VS Verlag für Sozialwissenschaften.

Cloos, P., Köngeter, S., Müller, B. & Thore, W. (2009). *Die Pädagogik der Kinder- und Jugendarbeit. 2., durchgesehene Auflage.* Wiesbaden: VS Verlage für Sozialwissenschaften.

Corsa, M. (2009). „...dass ich einen Ort habe, wo ich Sachen ausprobieren kann..."[1] Sichtweisen junger Menschen zur Kinder- und Jugendarbeit. In W. Lindner (Hrsg.), *Kinder- und Jugendarbeit wirkt. Aktuelle und ausgewählte Evaluationsergebnisse der Kinder- und Jugendarbeit. 2. Auflage* (S. 95-107). Wiesbaden: VS Verlag für Sozialwissenschaften.

Goffman, E. (1993). *Rahmen-Analyse* (3. Auflage). Frankfurt am Main: Suhrkamp.

Leutner, D. (2013) Perspektiven pädagogischer Interventionsforschung. In E. Severing & R. Weiss (Hrsg.), *Qualitätsentwicklung in der Berufsbildungsforschung* (S.17-28). [elektronische Version] Verfügbar unter: http://www.imove-germany.de/cps/rde/xbcr/SID-7C62498D-7B5D25D6/kibb/a12_voevz_agbfn_12_Leutner.pdf Bonn: Bundesinstitut für Berufsbildung. Zugriff am: 21.02.2015.

Müller, B. (2013). Siedler oder Trapper? Professionelles Handeln im pädagogischen Alltag der Offenen Kinder- und Jugendarbeit. In U. Deinet & B. Sturzenhecker (Hrsg.), *Handbuch Offene Kinder- und Jugendarbeit. 3., völlig überarbeitete und erweiterte Auflage* (S.23-36). Wiesbaden: Springer VS.

Müller, B., Cloos, P. & Köngeter, S. (2008). Die Pädagogik der Kinder- und Jugendarbeit. Ergebnisse eines Forschungsprojektes. *Sozial Extra, Vol. 23(5)*, 38-41.

Müller, B., Schmidt, S. & Schulz, M. (2008). *Wahrnehmen können. Jugendarbeit und informelle Bildung.* 2., aktualisierte Auflage. Freiburg: Lambertus-Verlag.

Neumann-Braun, K. & Deppermann, A. (1998). Ethnographie der Kommunikationskulturen Jugendlicher. Zur Gegenstandskonzeption und Methodik der Untersuchung von Peer-Groups. *Zeitschrift für Soziologie, Jg. 27, Heft 4*, 239-255.

Rauschenbach, T., Mack, W., Leu, H. R., Lingenauber, S., Schilling, M., Schneider, K., Züchner, I. (2004). *Konzeptionelle Grundlagen für einen Nationalen Bildungsbericht. Non-formale und informelle Bildung im Kindes- und Jugendalter.* [elektronische Version] Verfügbar unter: http://d-nb.info/971374708/34 Berlin: Bundesministerium für Bildung und Forschung (BMB). Zugriff am: 22.02.2015.

Schulz, M. (2013a). Humor und Ironie. In U. Deinet & B. Sturzenhecker (Hrsg.), *Handbuch Offene Kinder- und Jugendarbeit.* 3., völlig überarbeitete und erweiterte Auflage (S.471-475). Wiesbaden: Springer VS.

Schulz, M. (2013b). Was machen Jugendliche in und mit der Jugendarbeit? Jugendliche Akteurinnen und Akteure und ihre Performances. In U. Deinet & B. Sturzenhecker (Hrsg.), *Handbuch Offene Kinder- und Jugendarbeit.* 3., völlig überarbeitete und erweiterte Auflage (S. 51-60).

Schmidt, A. (2004). *Doing peer-group. Die interaktive Konstitution jugendlicher Gruppenpraxis.* Frankfurt am Main: Peter Lang GmbH. Europäischer Verlag der Wissenschaften.

Schmidt, H. (2013). Das Wissen zur Offenen Kinder und Jugendarbeit. In U. Deinet & B. Sturzenhecker (Hrsg.), *Handbuch Offene Kinder- und Jugendarbeit.* 3., völlig überarbeitete und erweiterte Auflage (S.11-22).

Schröder, A. (2013). Beziehungsarbeit. In U. Deinet & B. Sturzenhecker (Hrsg.), *Handbuch Offene Kinder- und Jugendarbeit.* 3., völlig überarbeitete und erweiterte Auflage (S. 427-431).

BEI GRIN MACHT SICH IHR WISSEN BEZAHLT

- Wir veröffentlichen Ihre Hausarbeit,
  Bachelor- und Masterarbeit

- Ihr eigenes eBook und Buch -
  weltweit in allen wichtigen Shops

- Verdienen Sie an jedem Verkauf

Jetzt bei www.GRIN.com hochladen
und kostenlos publizieren

Lightning Source UK Ltd.
Milton Keynes UK
UKHW012120191218
334295UK00001B/70/P